Ignaz Vincenz Zingerle

Bericht über die Sterzinger Miscellaneen Handschrift

Ignaz Vincenz Zingerle

Bericht über die Sterzinger Miscellaneen Handschrift

ISBN/EAN: 9783743653412

Hergestellt in Europa, USA, Kanada, Australien, Japan

Cover: Foto ©Andreas Hilbeck / pixelio.de

Weitere Bücher finden Sie auf **www.hansebooks.com**

BERICHT

ÜBER DIE

STERZINGER MISCELLANEEN-HANDSCHRIFT

VON

Dr. IGNAZ V. ZINGERLE

WIEN

AUS DER K. K. HOF- UND STAATSDRUCKEREI

IN COMMISSION BEI KARL GEROLD'S SOHN, BUCHHÄNDLER DER KAIS. AKADEMIE DER WISSENSCHAFTEN

1867

Aus dem Decemberhefte des Jahrganges 1866 der Sitzungsberichte der philos.-hist.
Cl. der kais. Akademie der Wissenschaften [LIV. Bd., S. 293] besonders abgedruckt.

Professor Dr. Adolf Pichler, der schon früher alte Passionsspiele aus dem Sterzinger Archive veröffentlicht hat [1]), entdeckte Ende vorigen Jahres in demselben Archive eine alte Papierhandschrift in Quart, die 61 Blätter zählt und dem Ende des 14. Jahrhundert's angehört. Die deutschen Parthien zeigen eine deutliche, doch weder reinliche noch gefällige Schrift, die lateinischen sind meist kleiner geschrieben und machen durch die sehr zahlreichen und höchst willkürlichen Abkürzungen dem Leser viele Schwierigkeiten. Die nur selten angebrachten Initialen sind roth und von einfachster Form. Das Büchlein führt auf der Aussenseite des hintern Deckels die Aufschrift: „Der alt thanhauser."

Man würde jedoch sehr irren, wenn man, diesem Titel trauend, Lieder dieses sagenhaften Minnesängers in der Handschrift erwarten würde, denn sie ist eine merkwürdige, planlose Sammlung von lateinischen und deutschen Gedichten, von Recepten und Sprüchen, von Rathschlägen und Anderem. Der Schreiber scheint alles, was ihm gerade in die Hände kam oder sonst beifiel, kunterbunt in das ihm zu Diensten stehende Schreibbuch eingetragen zu haben, denn nur so lässt sich dieser bunte Wechsel des Inhaltes, diese Mischung von Prosa und Poesie, von Erbaulichem und Profanem erklären. Die Mannigfaltigkeit und der theilweise Wert des darin Überlieferten machte es wünschenswerth, dass ein eingehender Bericht über diesen Codex gegeben werde, wozu mir Dr. Pichler denselben mit freundlichster Liberalität überliess.

---

1) Über das Drama des Mittelalters in Tirol. Innsbruck 1850. (Zingerle.)

Die erste Seite beginnt mit: „Jam sequitur de valoribus notarum" und gibt somit die Fortsetzung einer in lateinischer Sprache geschriebenen Abhandlung über Tonkunst und wohl auch Metrik, die bis Bl. 6ᵇ sich fortzieht. Jedoch schon *Bl. 3ᵃ* begegnen darneben lateinische und deutsche Hausräthe z. B. „So dir die pain geswellen, nim rawten, honig vnd saltz vnd salb dich da mit. Nim girstin mel vnd tawben mist vnd essig vnd temprier vnd legs auff die geswulst." und *Bl. 3ᵇ* ist nur mit derartigem überschrieben z. B. „Mulier, quae cum difficultate parit, commedat artemisiam ruffum et immediate liberabitur etc. Wen ein weip nit gespunnen hab, so nem grunen feniculum vnd sewd den in wein oder in milch vnd trincks ez nivchtern." — „Sawr sweß machen, vt dicit Aristoteles. Der vmb haw den bawm vnd leg sweinmist zu der wurtzel." —

„Item zu einem yclichen pawm ein span von der wurtzel, pör ein loch vnttersich in den pawm vnd gewß honig dar ein vnd verslachß mit des paw(me)ß ast."

„Nim gepulvert weyrawch, wenn du peltzen wilt, vnd se es in das loch, dar ein das zweig gehort, so ist die frucht kain wurm. — Nim plwt, welcherlay es sein, vnd stos das zweyg dar ein, so wirt das obß rot." —

„Weichselkern, Criechenkern leg drei tag in ein gehonigtes wasser vnd se si in dem mertzen vnd grabz darnach in dem andern mertzen wider auß vnd setz, wo du wilt etc."

Bl. 4ᵃ liest man oben an den Rande geschrieben: „schelkrawt, Celidonia ad faciendum crines pulchras. In laxivio. Nim pücheln vnd sewd die in ainer lawg." Dagegen stehen am Rande die Verse:

„Cum folio koli tu culum tergere noli.
Si rumpitur kolplat, forsan t' der finger in ars gat."

Erst auf der Rückseite des folgenden Blattes, an deren Rande zu oberst geschrieben ist: „mᵳr Jo. Bopfingen" beginnen die Gedichte, die zvm Theile mit Noten versehen sind. Die Verse sind fortlaufend geschrieben und nur durch senkrechte Strichlein getrennt.

Bl. 6ᵇ. Ansehen dich das geit mir mut,
vnd frewest mich zwar, meins hertzen gir.
frolich gesiht [1]) das dunckt mich gut

---

[1]) geschit. Hs.

vnd stete trew die liebet mir
zw dir.

Wan gantze trew die stet an dir,
vnd han auch anders nyemanz aht.
fur all diße werlt so liebst du mir,
an dich gedenck ich tag vnd naht [1]).
wol mir !

On zweifel solt du sicher sein,
zwar, wa ich stet auff erden bin,
ach hochster hort vnd liebstes mein,
pey dir so hasta witz vnd sin.
chum schier.

* *

Ich wisset nie, waß liebe waß,
dann seid ich dich erkennet han.
vil lewt sein mir darumb gehaß,
das mich on dich nit frewen kan,
wann du allein.

Nwr wenn es wöll, so liebst du mir,
vnd kann vnd mag nit anders gesein.
und halt dein trew auch stet gen mir,
so wirt mir gantzer frewden schein,
zwar mir allein.

Wan solt dein trew nw nemen ab,
das wer mir lieb, das ich das wist.
wan ich für dich nit liebers hab
vnd frewst mich zwar on argen list
on alß gemain.

* *

Ich hans gehetzt auff gutem wan
mein eigen herz, auff frischer fart

---
¹) naht vnd tag. Hs.

sehe ich sie nwn her gan
in engelweiß ein tyerlein zart.

Mit trewen riht ich ir das netz,
kein falschen klaffer zuezir ich nit hetz,
das mir mein tyer iht wurd geletzt.

* *

Bl. 7ᵃ. Mein hertz das hat im außerwelt[1])
ein bild, das sich noch fremden tot,
wie gern ich im mein klag erzelt.
Ob es zu mir noch wurd so gemůt,
das mir mein gemüt geringert wurd,
so kom ich auff der selden furt.
es leit an ir meins hertzen begir.

* *

Ich wunsch ir geluck ze helfen mir ²),
das ich sie schier solt sehen an.
ich hoff, es sol beschehen schier,
der hoffnung muß ich mich began.

In deinem dienst so wil ich streben
vnd wil alzeit frisch frolichen sein.
darein han ich mich gantz ergeben
immer biß auff das ende mein.

Gluck, nw tw dein hilff darzu,
das ich von ir werd gewert ³),
wan ich (rw) weder spat vnd frw,
mein frawd werd dann an dir gemert.

* *

Ich verkund der liebsten mein begird,
seid es niht anders wesen mag.
het ich ein lieben trost von dir,
so gelebt ich doch nye liebern tag.

---

¹) Mit Noten. ²) Mit Noten. ³) gewert] erfrewt. Hs.

Mit einem plick so twstu es wol,
das ich dir muß wesen vntertan,
vnd ich dir gehorsam pleiben sol,
die weil vnd ich das leben han.

Getraw mir des on zweifel niht,
das ich (dich) niht mit trewen main.
du bist mein hochste zuversicht,
du liebest mir vnd anders chain.

Ich gib mich gantz in dein gewalt
vnd leb mit mir, alß ich dir getraw,
ich hoff dein trew sich zu mir halt,
darauff ich steteclichen baw.

* *

Bl. 7*ᵇ*. Gar leiß ¹)
in senfter weiß
wach, liebstiv fraw!
plick durch die pra vnd schaw,
wie tunckelgrab so gar sein plab
ist zwischen dem gestirn.
nw wach, mein minnecleiche diern,
in lieber aus,
vnd gruß
dein aigen hertz pei mir,
seid ich enpir
ein stim von dir,
daz mir gar stil
dein rainer will
wunsch lieb vnd gute tag.
den mir newr hewt sag
tugentleichen ²),
minnecleichen
dein gut mit manichem lieben plick,
den mir dein hertz in trewen schick

---
¹) Mit Noten. ²) tugentlich. Hs.

zu trost der liebsten zuversicht,
die mir dein weiplich gut zu spricht,
pis daz geschiht ¹),
das mir sag „guten tag" dein munt.

Erwach
in lieber sach!
dein ermlein reck,
dein fueßlin streck! ich weck
dich auß der deck, dein hertz erbleck,
dein prustlein wol gestalt.
die naht die tůt den orden gebalt.
dein hawbt enpor!
vnd hor
das wuneclich geschell,
wie dein gesell
dich wecken well.
do ich betraht
al tag vnd naht
dein trauten anfang,
der mich betwang,
lieplech schertzen
in deim hertzen,
do ich den liebsten wechsel treib,
so das mein hertz pei dir pleib.
des wechsels ich herwider wart
von dir, mein auserweltes frewlin zart,
vnd han all fart
dich pey mir in meines hertzen grunt.

Wie gantz frewd geit,
wie nahent leit
die zeit in salickeit.
berait hilf, fraw gemait!
wie dein wil sait,
daz wil ich tag meren.

---

¹) geschit. Hs.

zwar ich tet ding nie so gern,
wurd mir zu tail
daz hail,
daz ich dich, fraw, solt sehen an.
auff erd niemant
großer fråwd gewan.
dar vor ich dich,
trawt fraw, an sich,
so han ich frewden genůg,
wan du bist klůg
mit gelimpfen,
frolich schimpfen.
zu tratz, dem dein geperd misfelt!
gib vrlaub, fraw mir auserwelt,
gedenck an mich vnd hab ein rw
vnd slaff mit frewden wider zw.
es ist noch frw.
tu dein gnad mir alzeit kunt.

* *

Bl. 8ª. Die plumlein schon entsprungen sint [1]),
das brwff ich an des maien schein.
mein liebstes ain,
tw gnad mich alzeit vinden.
in rot mein hertz lieplichen print,
davon ich sendlich leide pein.
grun da bei sei.
mag mich dein gůt enpinden,
alß es dein gnad an gevangen hat.
frw vnde spat
nach deinem rat
wil ich es nit erwi(n)den.

Ja tregt mein hertz haimlichen smertz,
da von mir laid tůt sigen an.
ich mag noch kan

---

[1]) Mit Noten.

deiner lieb nit enpern.
mir ist verpotten aller schertz.
des trag ich weiß auff guten wan,
hoffnunge han
tůt mich liepplich verseren.
des ist mein hertz in frewden gail.
wurd mir zu tail
solches hail,
so tet mein gluck sich meren.

Ich main, es sey wol tawsent (iar),
das ich von dir gescheiden pin.
mein gmvt vnd sin
hastw on alles wencken.
das trag plawb on wandels var.
in gantzer stat stet all mein gewin.
fwer ich da hin,
da sich mein hertz tut sencken,
so wer volpraht an mir dein gewalt.
von mir nit spalt,
dein trew stet halt,
hilft mich für alles krencken.

* *

Freunt'ich anplick mein hertz mir claidt [1])
sendlich ansehen, von dem ich scheid
mit geselschaft gůt on orge pein.
wo vert nw hin das hertze mein,
dick trew, hoffnung vnd stetikait?
ach leiden, meiden pringt mir lait.
verstrickt han ichs in meinen sinn
an abelon . du wirst wol inu.

Han ich chain menschen nie gesehen,
so hastu gantzen vollen gewalt.
der warheit můß ich dir veriehen,
da wurd ich iung vnd nimmer alt.

---

[1]) Mit Noten.

mir libst allein zu aller stund,
selten ansehen tůstu mir kund.
schier gar on alles abelan
ich mag dich nimmer mer gelan.

Gantz leit stetiklich in meinem sinn,
wie wurd ich deines willen inn?
an sagen tust du den willen mein,
wie wol ich immer dein wil sein.
mich tragt dein lieb zu aller zeit
vnd ger auff erden chainer frewd nit mei
dich nit ansehen pringt mir laid,
ich gib mich gantz in dein beger.

Bl. 8ᵇ. *Munch von Salzburg.*

O wie gar iunckfrawlich gelimpf¹),
o wie gar zart ist all ir schimpf!
iunckfrawliche iugent,
zuht vnd eitel tugent
ziert wol ir iu(n)ckfrawlich gemůt,
mit guet behuet
in frewdenreichem wandel.
gar cintlich ist ir handel,
wunsam in allen sachen.
ir rote mundlein lachen,
sam rote roßlein prossen.

Ich waiß kain frewd, die mich baß helff.
reht alß die edeln iungen welff,
die mit tetzlein schertzen,
so gar mit rainem hertzen
chumpt lieplich alß ir thun ze veld
mit seld an meld
schamrot vnd fro mit schricken.
ir iunckfrawliches plicken

---

¹) Mit Noten.

mir in meim hertzen crewselt.
solch lieb sich wirtlich bewselt
in all mein sinn verslossen.

Hertz, lieb, gemüet ist eitel rain,
chain schalkait hat mit in gemain.
ir treten, tantzen, springen,
ir sagen vnd ir singen
ist alles iu(n)ckfrawleich bewart,
all vart gar zart.
ie mer sie schimpfen, schallen,
ie baß mues es gevallen.
ir lieb chan solch frewd geben,
vnd solt ich immer leben,
es wer mir vnverdrossen.

Bl. 9ᵃ enthält lateinische Antiphonen und Gebete „de visitatione beatae Virginis Marie" und lateinische Recepte.
Bl. 9ᵇ gibt Freidanks Verse *27*, 1—6 und *27*, *15*—*28*, 1—14. Ich gebe hier nur die von Grimms Texte abweichenden Lesearten: *27*, 3. beschüff 4. daz der dreyer 5. das ist wucher genant 6. lewt vnd lant 15. geribt 16. er slaffet noch envcyret niht 18. sa m des tags 21. wie dann ein wuchrer twet 22. sein sel, leib 23. in drew getailt, so er tot leit. 24. die tail die erbent onc neit 26. sein sel newr zu dem tewfel fert. *28*, 1. sein güt nement die herren gar
2. vnd ruchent, wie die sel gevar
3. alß schier alß der tail geschiht
4. geb 5. vmb zwen die besten tail
6. ob sie auch peide weren vail
7. hat vil klainen müt
9. so ist der herr vil wol gewert,
10. das er weder leib noch sel gert.
11. so wol beriht 12. si engernt sel noch gütes
13. also tailet des teufels.
14. das iclichen tail sein der liebest ist.

Darneben steht: „Artemisia gruner gestoßen vnd in wein gelegt hillt für all sichtum, er sterk den magen, hilf der prust, er vertreib den stain."

Bl. 10 enthält wieder Lieder:

Wol auff, meines hertzen trawt geselle,
der tag (wil) vns verdringen.
hüt dich vnd mich vor vngefell(e),
ich hör den wachter singen.
der kundet vns den lichten tag,
der mir mein hertz verseret.
ob vns iemant gemeldet hat,
so ist mein leid gemeret.
hie ist betrwbt mein states hertz.
der tag wil vns entsleichen,
des leidet mein hertz solchen smertz [1]),
mein frewd wil mir entweichen.

Sie sprach: „awe der leidigen mer,
muß ich mich von dir scheiden!
des lichten tag ich wol enper.
der tüt mir vil zu layde,
wann ich doch liebers nie gewan
vnd tw noch ze ende,
das nimet mir der liehte tag.
des stan ich hie ellende."

Sie trwck(t) in gar lieplich an ir brust
mit weissen armen vmslossen.
das was ir baider will vnd lust
gar freuntlich, vnverdrossen.
Sie sprach: „var hin, trawt geselle mein,
dein scheiden tut mich krencken,
vnd nim mit dir das hertze mein.
das kan von dir nit wencken."

Lig still, meins hertzen trawt gespil ²),
wann es ist noch nit morgen.

---

[1]) smertzen. Hs. ²) Cl. Hätzlerin p. 2. Hartsch, über die romanischen und deutschen Tagelieder p. 46.

der wachter vns betriegen wil,
der mon hat sich verporgen.
man sicht noch vil der sterne glast
her durch die wolken tringen.
lig stil bei mir vnd rast
vnd la den wachter singen.
hie ist erfrewet mein stetes hertze,
vnmût muß im entweichen.
der sich nit kert an solchen smertzen,
der muß an frewden reichen.

Sie sprach: „wol mir der lieben mer!
muß ich bei dir beleiben.
zergangen so ist all mein swer.
wir müssen kurtzweil treiben,
die mich vnd dich erfrewen mag."
„darein wil ich mich setzen,
vnd wan ist es noch nit tag,
wir wollen vns leides ergetzen" [1]).

Sie truckt ir prustlein an das mein,
mein hertz wolt mir zuspringen.
sie sprach: „laß dir enpfolhen sein
mein er vor allen dingen.
nw slewß auff deine [2]) ermlein planck,
dar inn so wil ich rasten."
zehant der wachter sang:
„ich sich des tages glaste(n)".

Bl. 10ᵇ. Was sol ich furbaz fahen an [3]),
daz sich mein freud werd meren?
Seid ich dich nit mer sehen kan
vnd liplich zw dir keren,
daz muß ich haben heimlich leiden
vnd ist mir sicher grosse bein,
daz ich dein liplich gestalt muß meiden,
daz muß ich alzeit trawrig sein

---

[1]) wir] wil. Hs.   [2]) deiner. Hs.   [3]) Mit Noten.

kein freud wil ich nit haben mer,
seid mich mein hofnung hat gelan.
mir werd denn deiner gnaden mer,
so wirt kein leiden mir vntertan.

Sech ich dich teglich vor mir brangen
in weiß, schwartz oder in rote cleid,
so wer mein smertz auch gar zergangen,
den ich leid durch dein liplichkeit.
daz ich dir, lieb, lang han verborgen,
daz mag ich zwar nun tun nit mer,
vnd tu ez sicher fast mit sorgen,
wan von dir hab ich teglich leit, kein freud.

Ein turteltewblein trawret fast,
so es verleurt sein liebstes ein,
vnd sitzet auf ein durren ast,
wan aller freude hat es kein.
also wil ich heben an
vnd wil kein freud nit haben mer.
ach liebstiv fraw, daz sich dv an,
gib mir des maygen freude ee.

* *

„Welch man in sorgen leit [1])
vnd ein swere burde treit,
der sol sich frewen der lieben zeit".
daz was hie vor der alden rat.
nu hort man doch dy weysen sagen:
„kein vnmut meht nit fur getragen,
man sol in auß dem hertzen iagen."
mein hertz in fremden frewden stat.

Mein hertz ist frisch, mein mut ist frei,
daz kan nimant wider bringen.
wan waß geschehen ist, das sei,
nach freuden wöll wir ri(n)gen.

---

[1]) Mit Noten.
(Zingerle.)

Ich bin ir auch zv dinst geborn
vd sy mir zv einer frawen,
als sy mein hertz hat auß erkorn
vor blumlein in der awen.
wan ich an sich ir weiplich gut gestalt,
so muß mein hertz sich frewen bald
vnd mag dy weil nit werden alt.
nimant kan sy mir leiden.
Sy ist meins hertzen paredeis,
in meinem leben ein bluendes reiß.
in irem dinst wil ich werden greiß
vnd wil von ir nit scheiden.
sy ist geborn von hoher art,
in meinem hertzen also zart,
daz mir kein fraw ny liebers wart.
daz swer ich bey dem ayde.

Bl. 11^{ab} und *Bl. 12^a* enthalten eine lateinische Erzählung mit dem Anfange: „Fuit vir in Oriente nomine Nemo et fuit vir ille ut alter Job magnus inter omnes orientales [1]), magnus fuit natus, magna et prosapia etc." — *Bl. 12^a* gibt überdies einige lateinische Zweizeilen z. B.

Oruncine trotans, cum his commedens, ego potans,
Tu solves totum tibi pastum, sic mihi potum. —
Centum vel mille vellem, tibi quod daret ille
Basia sub cauda, qui te percussit, alauda. —
In me cur dubitas? tua sum dilecta Beatrix.
Noscere si cupias, patet inter crura cicatrix.

Auf *Bl. 12^b* folgen Sprüche, welche meist Freidanks Bescheidenheit [2]) entlehnt sind:

Wa man den esel crönet,
da ist das lant gehonet.
der esel vnd die nachegall,
die singent vngeleichen schall.
esels stim vnd gawches sang
erkenn ich an ir beider danck.
der esel lwet auff den wan,
er want vil wol gesungen han.

---

[1]) orgrtales. Hs. [2]) Grimm 140, 2—22.

wirt immer der esel raiß,
das ist der distel fraiß.
Ein iclich man vermeyden můß
den distel, geht er parfwß.
Vil mancher wolt gern sein
ein esel oder ein eslein,
das man von im sait mer,
wie wunderlichen er wer.
Der esel chlaine vorhte hat
gen des leowen chraiß, wa er gat.
das tůt er niht durch eargen list,
newr das er gar narrischen ist.
Der esel slecht vnde vicht,
so er den wolff von verren sicht.
das ist wunder, das er stille stat,
wenn es im an das leben gat.
wa ein esel den andern vallen sicht,
den selben wegk get er niht.
Nw secht das ist ein tummes tier
vnd ist doch weiser danne wir.
wer gach ist ze allen zeiten,
der sol trege esel reiten.
wer zu dem esel ist geriten
vnd zu dem munch gefrewnt, der ist versniten,
vnd hilfe swchet zu der gevatterschafft
vnd minne zu der mumen, das hat nit krafft,
es kem den also von geschicht.
si sein zu den noten gar entwicht.

Daran schliessen sich die lateinischen Sprüche:

Cursus asellorum celer atque fides monachorum,
lex baptismalis meretricis et monialis
desistunt esse tunc, quando sit esse necesse.
Hec via non pia, nam quia vos tria membra luistis.
Hec ego dum lego, me rego, sed nego, quod fruar istis. —
Astaroth obmutuit, dum sensit Bartholomeum,
sic carmen latuit te veniente meum. —
Absente Petro datur possessio Paulo. —

Bl. 13ᵃᵇ gibt ein lateinisches Gedicht mit dem Anfange:

> Musi convenite nec vos pudeat audite
> verbum, ex quo via vite potitur hri.
> caro non pudeat, quod nescieris,
> te velle doceri etc.

Daran schliesst sich *Bl. 13ᵇ* ein anderes, das an die Priester gerichtet ist:

> Viri beatissimi, sacerdotes dei,
> precones altissimi, lucerne diei,
> auribus percipite verba oris mei.
> vos in sacerdotio deo deservitis,
> vos vocavit palmites Christus, vita vitis.
> cavete, ne steriles aut inanes sitis,
> si cum vivo stipite vivere velitis etc.

Bl. 14ᵃ gibt ein Gedicht mit dem Anfange:

> Ecce mundus moritur
> vitiis sepultus,
> ordo rerum tollitur,
> cessit Christi cultus,
> exulat iustitia,
> sapiens fit stultus,
> in omni providentia
> oritur tumultus etc.

Bl. 14ᵇ enthält das Gedicht:

> Mundus fide iam frigescit,
> sed in fraude recalescit,
> antiquatur et decrescit
> in bonis operibus etc.

und die Verse:

> Quidam prelati tantum sunt utilitati,
> quod prosunt populo, quantum valet hircus in orto. —
> Ut bene festucas fratris de lumine ducas,
> terge trabes, quas inter homines probra communia labes. —
> Quem sua culpa ligat, mea cur delicta remordet?
> me male castigat, proprio qui crimine sordet.

Darauf folgt ein längeres Gedicht *Bl. 15ᵃ*:
>Quondam duo gladii
>simul concordabant,
>causas hujus seculi
>recte judicabant.
>maiores cum minimis
>Christum invocabant,
>angelorum homines
>panem manducabant. etc.

Bl. 15ᵇ gibt das schon bekannte Gedicht [1]:
>Multi sunt presbyteri, qui ignorant quare,
>super domum domini gall s solet stare;
>quod propono breviter vobis explanare,
>si voltis benevolas aures mihi dare etc.

Bl. 16ᵃ gibt die Gedichte:
>Domum sapientia sic edificavit,
>quam inestimabili modo preparavit.
>hanc auro purissimo foris deauravit,
>intus radiantibus gemmis decoravit etc.

und das schon bekannte: „*Marnari*".
>Fundamentum artium ponit gramatica, .
>ad methodi principia dat via dyalectica,
>duplici colore decorat sermonem rhetorica etc. [2].

Bl. 16ᵇ folgt das Gedicht:
>Pratum vidi spatiosum,
>in aspectu speciosum,
>et nondum abestrosum (?).
>florem gessit generosum
>et decorem varium etc.

Bl. 17ᵃ enthält das Gedicht:
>Thronum grandem ebore Salomon construxit,
>aurumque purissimum super hoc induxit.
>opus illi simile modo non illuxit.
>libro regum tertio rumor hic effluxit etc.

---

[1] Serapeum I, p. 107, M. Edélestand du Méril, poésies populaires latines du moyen age p. 12. [2] MSH. II, 237ᵇ.

und die Sprüche:

> Sunt tria, que timeo, que sunt de iure timenda:
> dens canis et pes equi, lingua dolosi viri.
> Quem semel horrendis maculis infamia nigrat,
> ad bene tergendum multa laborat aqua.

Bl. 17ᵇ enthält zwei Gedichte:

> In hac terra cernuntur nefanda:
> Latinistis denegantur danda,
> scientia sunt detestanda,
> non constat .. planda.
> jam despiciunt prelati scolares,
> omnino adtendunt vigellatores,
> nichil curant latinos cantores.
> licet viles sint hi mores,
> saltatrices et fistulatores,
> hos respiciunt uxores
> et mares.
> hanc noscatis domini querelam:
> vilipendunt nobilem loquelam,
> jam deficiunt radii solares etc.

und

> O cleri collectio, quare non attendis,
> quod honoris solium potentis ascendis?
> dona specialia gratis apprehendis,
> et misericordiam vagis non ostendis. etc.

Bl. 18ª enthält ein Gedicht:

> In trinitate consistit perfectio,
> in trinitate vite stat refectio,
> in trinitate graduum collectio etc.

und 9 Sinnsprüche z. B.

> Non pro justitia multi discunt modo jura,
> Sed quia avaritia bona volunt acquirere plura. —
> Des iuriste confundantor rogo, Christe;
> non sunt psalmiste, sed sunt sathane citharisle. —
> Causidicus, medicus, meretrix semper medidantur,
> si quis plus tribuat, illum fallendo sequantur. —
> Creditor hoc credit, quod tarde transeat annus,
> quem putat illius debitor esse brevem.

Bl. 18ᵇ gibt ein religiöses Gedicht:

    Cum deus in principio
    cuncta creaverat,
    de celi tandem solio
    verbum et miserat etc.

und die Sprüche:

    Si lacrime vel opes animas revocare valerent,
    Lucifer atque sui soli sua regna tenerent. —
    Non gignit [1]) taxus oleum, nec oliva venenum,
    nec mala vita bonum, nec bona vita malum. —

Bl. 19ᵃ enthält das Gedicht:

    Fortuna si alluseris
    in altum me tollendo,
    gressus meos direxeris
    aduersa deprimendo,
    firme muniendo,
    sum Salomonis socius etc.

und:

                   / nichil aliud est nisi pe \
    In re terrena — dolor imminet atque cathe — na
                   \ nec lux nec juris habe /
                                      etc.

Bl. 19ᵇ. Magistri Nicolay de Sweydnitz.

    Humilitate stringitur eternitas
    et corde puro capitur benignitas,
    sic mortis umbra cingit imortalem etc.

und die Strofe:

    O custodes animarum,
    pastores ecclesiarum,
    imperitum et ignarum
    precor, ascultate parum
    et verba attendite.
    vos qui vero insudatis
    in ardore caritatis,
    incorrecta corrigatis,
    et si dictum non est satis,

---

[1]) gingnit.

dictatori parcite. —
Si michi das haustum, domino facies holocaustum.

Bl. 20ᵃ enthält ein Rügegedicht gegen den Clerus:
Margarita pedibus calcatur
et electum aurum obscuratur,
terre sal infatuatur
azimusque panis fermentatur etc.

Bl. 20ᵇ. Hec sunt medidationes de sacramento altaris ruminando devotis mentibus cum fidei explicatione.
Ave vivens hostia,
veritas et vita,
in qua sacrificia
cuncta sunt finita.
per te patri gloria
datur infinita,
per te stat ecclesia
iugiter munita etc.

Bl. 21ᵇ enthält einige Sprüche und Räthe z. B.
Ludit in humanis divina potentia rebus.
Sic volo, sic jubeo, sit pro ratione voluntas.
Absque dei nutu nil fit sub sideris ortu.
Vnum credo patrem disponere cuncta per orbem etc.
Feniculum, verbena, rosa, celidonia, ruta,
Ex istis fit aqua, quae lumina reddit acuta. —

Bl. 21ᵇ. Femina formosa zelus est, pestis vitiosa,
oscula fert ore, transfigit corda dolore.
Femina fraudatrix, mors et vitiosa cicatrix,
ambulat in portis, propinat pocula mortis.
Femina lasciva dat semper verba nociva,
verba dat impura, labefacit corpora plura.
Femina fraudatrix, fraus mortis, noctis amatrix,
gustu letatur, dum mente malum medidatur.
Femina nugatrix amatoris et ingulatrix
verbula dat blanda, seducit corde nefanda. etc.

Bl. 22ᵃ. Descriptio mulieris. Mulier est tenax lappa et urens urtica, redolens cicuta, fetens rosa, delectabile malum, inexpugnabile castrum, bellum continuum, dulcedo fellea, triste gaudium, fomes mortis, viscarium sceleris, puteus interitus, janua inferni. Enpedocles. —

Bl. 22ᵇ. *De ascensione.*

Da, deus, ut tecum mereamur scandere celum,
nos, pie Christe, velis tecum jungere celis ¹).
qui vehis alta poli, peccantes perdere noli. etc.
Nos, deus omnipotens, salvet pascha clemens,
factoris dextra nos protegat intus et extra.
Christe, deus fortis, salva nos tempore mortis,
regnas in celis, sathane nos erue telis etc.
Per templi festa pellantur queque molesta.
hac nos, Christe, domo celesti protege dono etc.

Bl. 23ᵃ. *Conflictus abrenuntiantur seculi.*

Habescentis tam immundi
fluctuantem hujus mundi
cursum cum inspicio,
dum me terret timor mortis,
tam immitis et tam fortis,
tunc totus deficio etc.

Bl. 23ᵇ. Antequam judicii dies metuenda
veniat, sunt omnia mundi commovenda,
nam per dies quindecim mundo sunt videnda
signa nimis aspera, nimis et horrenda etc. ²).

Bl. 24ᵇ *Carmen episcopi Brunonis invehentis erga papam.*

Pater, fili, spiritus, deus septiformis,
regum rex altissimus, Ihesu numquid dormis?
nonne mundum perspicis, qua nunc est enormis
quot et quantis maculis factus et deformis?

Papa pavor pauperum est diffinitus,
in eo gramatice perturbatur ritus ²),
nam qui fore debuit gratie dativus,
factus est ecclesie rerum ablativus.

---

¹) giungere velis Hs. ²) Vgl. Haupt, Zeitschrift I, 117. III, 523. ³) riuus. Hs.

O subtilis loyca, quid ad hec vis fari,
que nos doces speciem non posse mutari?
nonne pastor ovium volt lupus vocari?
minare de cetero non volt, sed minari.

O dulcis rethorica dole peritura,
tua iam simplicia infringuntur iura.
decimam ecclesia iure receptura
sub tributo ponitur decimam datura.

Numquid et tu pateris, o geometria,
per papam indebite mensuratur via,
per quem in ecclesia fit hec simonia?
da succursum breviter, o Jhesu messia.

Dolet arismetrica, quod ipsa gravetur,
quod docet per numerum ut res ordinetur.
papa clerum numerat, ut non conservetur,
immo quod ecclesie rebus spolietur.

Nonne doles musica, prorsus depravata,
per clerum antiquitus dulciter prolata?
papa tibi nocuit decima rogata,
voce lacrimabili nunc es supplantata.

Taceant astrologi amplius probare,
solem astris ceteris lucem ministrare.
papa, sol ecclesie, studet hoc falsare,
qui totam ecclesiam volt obtenebrare.

* *

Presulis Albini seu martyris ossa Ruffini
Rome quisquis habet, vertere cuncta valet.
Omnipotens Marcus romanos conteret arcus,
adveniente Luca fiunt decreta caduca,
non fuit inde reus Johannes sive Matheus.
Curia romana non petit ovem sine lana.
Romanus rodit; quos rodere non valet, odit;

donantes audit, non dantibus ostia [1]) claudit [2]).
Accusative, si Romam ceperis ire,
proficis in nullo, si veneris absque dativo.
Si venit ante fores bona vita, scientia, mores,
non exauditur; si nummus, mox aperitur. [3]).
Audito nummo, qui viso principe summo,
dissiliunt value, nichil auditur nisi salue,
occurrunt turbe, fit plausus magnus in urbe,
papa simul plaudit, quod nemo libentius audit.
accipe, sume, cape verba placentia pape.
Papa, pater patrum, cur vis intrare baratrum?
te video lete nimis inclinare monete.
Papa premit multos, quos Christus mittit inultos;
Quosque deus punit, justis hos sepius unit.

Bl. 25ᵃ enthält einen Hymnus mit dem Anfange:
    Deus admirabilis,
    solus immortalis,
    filius spectabilis,
    patri coequalis,
    o inenarrabilis
    spiritus equalis,
    trium manens stabilis
    norma socialis etc.

Bl. 25ᵇ.
    Sancta Maria fa ⟨ue⟩ genitrix ac virgo deco ⟨ra⟩
    ut dicturus a ⟨videam te mortis in ho⟩ etc.

Bl. 26ᵃ. Barbara.
    Ave, virgo Barbara,
    speculum honoris,
    temet ipsam praeparans
    thalamum pudoris etc. [4]).
    O beata Barbara [5]),
    mea nunc matrona,
    me precantem repara
    supplicando prona

---

[1]) hostia. [2]) Diese zwei Verse Mone's Anzeiger III. 33. [3]) aperiatur. Hs. [4]) Mone lateinische Hymnen III, 216. [5]) Ebendort p. 215.

>   Christo pro me paupere,
>   ut per sua dona
>   mihi donet prospere
>   consummare bona. etc.

Bl. 26ᵇ enthält Paraphrasen des Pater noster und Ave Maria und Salve Regina mit den Anfängen:

Pater noster excelsus in creatione, suavis in amore, dives et dulcis in hereditate etc.

Ave Maria, porta paradisi, stella mundi, destructrix inferni etc.

Salve regina, miseri cordis medicina, vitaque dulcedo, spes nostra prona, credo etc.

Bl. 27ᵃ.
>   O quam sacerdotium regale et perfectum,
>   o quam venerabile genus et electum,
>   stola legis gerere decus reis rectum;
>   vivis e lapidibus nobis est detectum etc.
>
>   O de profundis quam dulcia fercula fundis,
>   per te mendico, dyaletica, te maledico etc.
>   Sara . Susanna . Lya . Judit . Raab . Eua . Maria .
>   Dat . superat . fallit . truncat . recipit . necat . ornat .
>   nomen . falsa . Jacob . hostem . missos . genus . orbem .
>   risu . spe . coitu . mucrone . domo [1]) . dape . partu .

Bl. 27ᵇ. Sequitur altercatio veritatis et simonie.
>   Simonia obviavit veritati
>   et sequebantur eam presules et prelati.
>   tunc veritas manus in celum levavit
>   et voce magna dicens clamavit:
>   „o simonia, tue potestati
>   subjecti sunt pastores et prelati,
>   cum quibus in judicio sedens
>   et cathedram primatus tenens
>   legis et cantas.
>   Virtutes habes tantas etc.
>   Virtus, eclesia, clerus, mamon, Simonia
>   cessat, turbatur, errat, regnat, dominat.

---

[1]) domus. Hs.

Bl. 28ᵃ. Miles, mercator, vates, pasticus, amator
prelia, raptores, dictamina, fercula, mores
horrida, terrificos, subtilia, lauta, pudicos
exercet, metuit, meditatur, diligit, odit.

In matutino dampnatur tempore Christus [1],
quo matutini cantantur tempore psalmi.
quum resurrexit, primam canit ordo fidelis.
tertia quum canitur, tunc est cruciamina passus.
sexta sunt tenebre per mundi climata facte.
redditus est nona divinus spiritus hora.
vespere clauduntur Christi sacra membra sepulchro.
Christo septena custodia ponitur hora.

Status terrarum quivis bene noscat earum [2].
Roma potens, reverenda Ravenna, Britania pauper,
nobilis Francia, fertilis Anglia, Dacia nequam,
Scotia virilis, super omnia Swecia mitis,
fortis Agrippina, Treveris pia, magna Papia,
Vngarus Vngaria vir pessimus, optima terra,
Austria letlatrix, viatrix et turpissima rerum,
perfida mendatrix, cui nulla fides neque verum.
cito decipitur devota Moravia multum.
divisos generum homines Polonia nutrit.
Myosita bonos mores habet, hospitat atque facundus. [3]
incredulus magni, cupidus bubulusque Bohemus,
bos ad potandum, mus ad furtum faciendum.
prodiga, lasciva Bavaria letaque fallax,
attamen subtilis, inconstans et socialis.
superbit Swevia, consumpto munere fugit,
vituperat turpem, quivis sit nobilis arte.
Franconia dura, attamen subtilia vina.

---

[1] Über ähnliche Gedichte von den sieben Tagezeiten s. Docen Museum II. 265. Anzeiger f. K. d. V. I, 106.

[2] Man vergleiche damit den Städte- und Völkerspiegel (Mone Anzeiger VII, 507), der in mehreren Versen mit vorliegendem Stücke zusammenstimmt.

[3] facundia. Ho.

sunt fures Trini, Elepipie (?) sunt asinini,
Alletis capite facit sibi fercula quinque.
stultitiam vitat Saxonia, fide pudica.
Hassia devitat, verum in corde reservat
Florencie (?) sunt pulchre, attamen Rome vix mediocre.

Bl. 28⁴. Proprietates vinosi.

Bis sex, credatis, species sunt ebrietatis
in multis primus sapiens et alter opimus,
ternus grande vorat, quartus sua crimina plorat,
quintus luxuriat, sextus per numina iurat,
magnum quid fieri, rixas et bella moveri,
septimus incendit, octavus singula vendit,
nonus nil celat, secretum quidque revelat,
sompnum denus amat, undenus turpia clamat.
cum fuerit plenus, vomitum facit hic duodenus.

Nunc attendatis, quis sit species ebrietatis.
ebrius atque satur his ecce modis variatur:
hic canit, hic plorat, hic est plasphemus, hic orat, etc.

Si gratis gentes essent bona vina bibentes,
forsan potorem nesciremus meliorem.
presbyter absque mero dormitans tempore sero
dicitur altari . . . factis assimilari etc.

Bl 29ª. Cum tibi sint sero perfusa viscera mero,
mane resume meri pocula sicut heri etc.

Zwischen derartigen Trinkerregeln stehen die zwei schönen Glockensprüche:

Es ego campana, nunquam pronuntio vana [1]):
ignem vel festum, bellum vel funus honestum.
Sum vas ex ere, tria nuntio: funera flere,
festa recensere sole(m)pnia, bella movere.

Später folgt der Spruch:

Pone tibi frenum fugiens muliebre venenum,
nam sanie plenum vas est, quod credis amenum.

---

[1]) Dieser Vers ist auch sonst bekannt. Otto, Glockenkunde p. 82 Anm.

dum mulier iurat, quod te super omnia curat,
aspice, quod iurat quam parvo tempore durat.
dum tu discedis et eam fidam tibi credis,
attribuens munus si tunc accesserit unus,
claudius vel luscus vel toto corpore fuscus,
hunc tibi preponet, si grandia munera donet.
nullus ei carus, nisi qui fore nescit avarus.

und der Scherz:

Militis uxorem clamidis mercede subegit
clericus et domine clam tulit inde molam etc.

Bl. 29b. Montes sunt celsi, demantur montibus Lsi,
mellificant, qui possint soluere soluant.
est animal parvum non rodens prata vel arvum,
si convertatur, tunc quadrupes inde ligatur. —
Fert pira trina pirus, puerorum stat quoque subtus
consimilis numerus et quisque pirum rapit unum,
et remanent bina, quamvis fuerant modo trina. —

Darauf folgt ein Lied, das dem Marner zugeschrieben ist, denn es führt die Aufschrift: „*Marnary de vocalibus*" und am Rande die Bezeichnung: „*carmen marnary*" [1]).

Jam pridem estivalia
pertransiere gaudia,
brumalis sevitia
venit cum tristitia,
grando, nix et pluvia
corda nunc reddunt segnia,
ut desolentur omnia.

Nunc conticent avicule,
que solebant in nemore
cantica depromere
et voluptates gignere.
tellus caret gramine,
le(n)to sol micat iubare
et dies currunt propere.

---

[1]) Unvollständig geben dies Gedicht die carmina burana p. 174.

Ad obsequendum veneri
mens tota langwet animi,
fervor abest pectori
et calor cedit frigori.
maledicant hiemi,
qui veris erant soliti
amenitate perfrui.

In omni loco congruo
sermonis oblectatio
cum sexu femineo
evanuit omnimodo.
tempori preterito
sit salus in perpetuo
et gratiarum actio.

Pro lucis, aure transitu
et tempestalis impetu
tribulato spiritu
in gravi sumus habitu.
ver nunc tuo redditu
refove quos in gemitu
reliquisti iam diu.

Darauf folgt der Spruch:

Marte mares, februoque canes, maio mulieres,
augusto pecudes luxuriare solent.

Bl. 30ª. De incarnatione Christi alphabetum.

*A*mor verus omnia potest superare,
*B*ellorum sevitiam valet refrenare,
*C*orda discordantium sic coadunare,
*D*uorum mentes hominum simul concordare.
*E*rgo salvare qui se volt, discat amare etc.

Den übrigen Raum dieser Seite und *Bl. 30ᵇ*, *Bl. 31ª* füllen bedeutungslose Kleinigkeiten und Spielereien. Mit *Bl. 31ᵇ* beginnen wiederum deutsche Stücke.

Bl. 31ᵇ. Es ist allweg der werlt lauff,
daz ander liebe leit der kawff etc. ¹).

Bl. 32ᵇ. gibt Teichners Spruch:
Mich wundert ser, warumb das sey,
das nie(n)dert lebt ein man so frey
in aller werlt iungk vnd alt,
frisch, gerad vnd wolgestalt etc.

Die darauf folgende Priamel ist hier ausführlicher, als in den Futilitates germanicae S. 7:

Bl. 33ᵃ. Von Prag ein hawpt aus Pehamlant,
von Frankreich ein prust daran gesant,
von Brabant zwai hendlin clar,
die nemen newr der sciden war,
zwai prüstlin von Karnden her,
die sind wechß recht als ein sper,
vnd ein pawch von Osterreich,
der ist eben vnd geleich,
ein mündlin rot aus Preussen gewachsen,
zwei augen clar dort her von Sachsen,
von Meissen zwai armlein planck,
von Swaben ein hubs(ch)er minnesanck,
ein weisseu chel von Duringen,
ein gutes hertz von Sibenpurgen,
zu Florenz einen wehen tritt,
die an der Etsch haben hubs(ch)en sitt,
vnd ein ars von Polan,
von Pairn ein gute fut daran,
zwen fuoß von Koln am Rein,
das möcht ein schone fraw gesein. —

Bl. 33ᵇ. Das wir volpringen,
her, mit guten sinnen,
zu bedewten sunder
deine werck, deine wunder,

---

¹) Futilitates germanicae p. 10, wo aber die Schlusszeilen:
„wiltu das wissen fürwar,
so lecks im schram vnd inn dem har" fehlen.

(Zingerle.)

vnvermaylt lepfsen
salb auß gnaden keffsen,
heiliger Johannes etc.

Bl. 34ª. Est arbor ramos quidam retinens duodenos.
quinquaginta duos rami retinent sibi nidos,
nidorum quisque septem volucres habet in se
et volucrum quisque sibi nomen habet speciale.
bissenos menses tenet annus, nomina quorum
officiumque simul declarat litera presens:
pocula Janus amat, sed Febrius algeo clamat,
Martius arva fodit, sed Aprilis florida prodit,
ros et flos nemorum Maio sunt fomes amorum,
dat Junius fena, Julio resecatur auena,
Augustus spicas, September colligit uvas,
seminat October, spoliat virgulta November.
quere habere cibum porcum mactando December.

Bl. 34ᵇ enthält die Übersetzung des Hymnus „a solis ortu" von Mönch von Salzburg [1]), der Text weicht jedoch manchmal bedeutend ab. Ich theile zwei Strophen mit:

Von anegeng der sunnen clar
biß an ein end der welde gar
wir sullen loben den fursten Crist,
der von der mayd geboren ist.

Der troster aller werlde prait,
er nam an sich des knehtes klaydt,
biß das er erlost mit leybes craft,
das er nit verlwr die aygenschaft etc.

Auf *Bl. 35ª* steht der Anfang des Gedichtes

Da man den gympel gempel sancg [2]),
da stund so hoch der mein gedanck,
der ist so gar verborben
verflucht muz s. —

Darauf folgen die Verse:

Ich wais ein haws haißt Frewdenstain,
da bey leidt Ernvels, ist rain.

---

[1]) Vergl. Josef Ampferer, über den Mönch von Salzburg, p. 9. [2]) MSH. III, 214ª.

Trosperg ich mit trewen main,
dapey wolt ich beleiben.
Schelkling, des enwil ich niht.
was mir bey Liebenzell geschiht,
wer Liebenzell mit eren ¹) siht,
der mag wol trawren meyden.
Neuperg, das haws, das wolt ich gern vermeyden.

Schonvels das haws ist frey,
wo Freuntsperg leit mit leib da pey.
O Harrenstain, dw edle chrey,
du maht wol frewden pringen.
Stetenfels vnd Schonstain,
das leit mit Erenvels vberain.
ich radt euch minnern all gemain,
nach den so sult ir ringen.
Helfenstain ist manigem gut auff erden. —

Wem Liebenzell hatt widersaidt,
vnd wirt im Helffenstain berait,
im mag verswinden hertzenlaidt
vnd darzu frolich werden.
wer iagen wil zu Freudental,
der iag nach edler hunde schal.
die tier die suchent eng vnd smal
vnd dick die rechte strasse.

Ein hunt haißt Meld, ist vngesunt,
der hat vil edler tier verwunt.
Trost ist ein minneclicher hundt,
den sol chain minner lassen.

Ein hunt haißt Such, vnd wo der sucht mit stete,
er sucht on schaden durch gewin,
da laufft chain edles tier nit hin.
den hunt den lobt der Suchensin.
such fur dich frw vnd spate.

---

¹) Über „eren" ist „freude" geschrieben.

Frawnberg das haws ist gut,
wa man es helt in steter hwt.
Trawtling das geit hohen mut
vnd wont pey rainen frawen. —

Bl. 35^b und 36^a enthalten lateinische und deutsche Strophen abwechselnd. Ich gebe den Anfang der lateinischen, die deutschen vollständig.

Jam entrena (!) plena
stet et metu fletu
gemens tremens
tellus herbida etc. [1]).
Man sicht läwber töwer
vor dem walde palde
reisen, greisen
sicht man perg vnd tal.
val überal
stet noch maniger hande sumer claider.
vogelein singen, clingen
ist verstoret . horet
winde swinde
wehen durch den walt.
calt, vngestalt
sten nw perg vnd anger, awen layder.

Ach winter langk,
dein getwangk
machet chrank
sunder wangk
sumerlicher schone,
das ir gelwe varbe
mus verpleichen, weichen
losen rosen
müssen inrlang . me we,
calder sne,
du pist one maß in awen hone.

---

[1]) Mit Noten.

Sic in duris curis
irretitur, citur
avis suavis,
omnes conticet etc.
Vor die were swere
iarlang weibes leibes
dicke plicke
ist wol ein maiedach, ach
wer gesach
pesser frewde, dan pei zarten weiben? [1])
Wie doch aine raine
frawe brenget, tzwenget
hertze smertze
mir vil senden man, chan
vnd mich lan
one trost, vnd mus auch also beleiben.

Roter munt,
tw mir chunt
frewden fundt
zu aller stund,
hab mich dir vor aigen.
gar vor laide schaide,
mir nicht wencke, dencke
suße gruße.
lieplich
zu mir sprich . sich,
davon ich leib und hertze,
das dint dir gantz vor aigen.

Bl. 36ᵃ. Ornamentis centis
in vestitu, ritu
daris gnaris etc.
Sold ich tummer chommer
durch dich meiden, leiden

---

[1]) weiben] frawen. Hs.

>meren, seren
>mir den sweren
>mut, thut
>frawen gut.
>das verchere mir zu liebem haile,
>tu mich lere swere.
>frawe, mache
>swache, lache
>vnd erfrewe mir den leib. pleib,
>seliges weib,
>vest an mir mit gantzer minne taile.

>Fuge an mir,
>frawe, schier
>sulche gir,
>so das wir
>lieplich uns gezwaien,
>so die sunne wunne
>varbe. lone, schone,
>hewre stewre
>mich aus sorgen war. zwar,
>wo ich var,
>dir sing ich, liep, in gantzen frewden.

Nun folgt *Bl. 36ᵇ* das von v. Hagen unter dem Titel „Diu mervart"[1]) mitgetheilte Gedicht: „Do man den gimpel gämpel sang" bis zur 13. Strophe. Dafür steht die Bemerkung: „daran laßt euch benügen."

Mit *Bl. 38ᵃ* beginnt die Erzählung:

>Awenthawr der weiz ich vil[2]),
>da von ich nw euch sagen wil,
>wy ez ist ergangen etc.

Bl. 39ᵇ gibt das bekannte Gedicht: „Wie ain müter ir dochter lernet pülen":

>Eins nachtz ging ich gen hawse spat,
>ich cham fwr liebes chemonat etc.[3])

---

[1]) MSH. III, 214ᵃ. [2]) MSH. III, 299ᵃ. [3]) Cf. Hätzlerin p. 305ᵃ.

Mit der Aufschrift „munich" enthält *Bl. 41ᵇ* folgende Strophen:

Ein lieplich weib,
der zarter leib
ist laidvertreib,
fragt mich, ob ich west
indert ain
gar eitel rain,
die chain-
en tadel an ir hett?
da nam ich war,
das sie so gar
schon, wolgevar
von aigenschaft¹) ist der natur,
daz alle zaichen in figur
gebildet han mit gantzem fleiß
plaich, rot vnd weiß.
ichs nie so wol beschicket.
chürtz, leng, höch, nider, smal vnd praidt,
lind, hert ist als nach wunsch berait,
als maß an ir gewurcket hat,
das ir als ding recht wol an stat.

Wie mocht dann mail
an solchem hail
gehaben tail,
da zart
von art
ist eitel güt,
das mus der müt
in solher zier
sein vest vnd stet?
die edel frucht
ist weiplich zucht
vnd gantz zuflucht
allzeit zu aller guten sach.
sie ist ein lieplich vngemach.

---

¹) Vor „aigenschaft" steht „angesiht" unterstrichen.

ir lieb mir all mein sinn zerstrewt,
das mich gefrewt,
wann sie so minneclichen auff plickhet.

Ir gut gepär
on als gevär
nimpt mir mein swer,
das mir nach ir ist wol vnd we
ieme, ieme.
ir hertz, bey meiner sel,
si treit ir lieplich hort,
mir weis vnd wort
so gar erstort,
das mich erstumbt ir lieplichait.
ir zartlich form ist so gemait,
wie gern ich treib mit ir den schertz,
als pald mein hertz
mit lieber forcht ob ir erschricket. —

Sweig ich, so we mir armen man!
sag ich, so wirt sie mir leicht gram.
wie ich das pest darinn betraht,
da mit gen ich vmb tag vnd nacht.

Bl. 42ª. Trostleicher trost, mein hochstes hail,
dein frömdikait, die pringt mir laid.
ich nem ir gunst zu meinem tail
für alles, das die erde trait.

Si ist mir frömde die wolgestalt,
sie tůt mich aller frewden on,
trostlicher trost, du machst mich alt,
wie wol das ich der iar nit han.

So han ichs doch gehort sagen,
das hoffen erner den menschen dick.
dar vmb so wil ich nit verzagen:
die zeit leit nit an einem strick.

Darauf folgt die Übersetzung des Pange lingua vom Mönch von Salzburg:

>Lob(t) all zungen des erenreichen
>gottes leychnam wirdichait etc. [1]).

Bl. 42ᵇ. Mich frewet, fraw, dein angesicht.
„warumb, gesell?"
ob dein gnad wöll.
„dich frewt vil pas."
fraw, was wer das?
„das waistu wol vnd fragest mich."
zart fraw, nain ich.
„bedenk dich reht."
ich pin dein chneht.
„sag mir, als wie?"
ich begab dich nie.
„in welcher mainung liebest mir?"
vnd anders chain. „sweig, des enpir."
fraw, es ist mir.
„dein won trewgt dich, das sag ich dir."
sy nain, trawt fraw, dem ist also,
so helffa io.
ich mag mich zwar dein nicht vergeben,
was mir darumb geschehen mag.

Bl. 43ᵃ. Mein trew het ich zu dir gericht.
„cher sy hin dan."
fraw, ich enchan.
„wie mag das sein?"
da pin ich dein.
„wer hat dich mir zu aigen geben?"
dein girlich leben.
„wer gab dir gewalt?"
fraw, dein gestalt.
„das glaub ich niht."
zart fraw, ich pitt.
„nit gedencken solt"
zart fraw, mein hertz nicht anders wolt.

---

[1]) Ampferer p. 14.

„so such ablan."
fraw, ich mags niht han.
„so wirt dir lange zeit beistan"
das tut mir wen.
„so las hingen!"
sy nimmermer,
es ist mir also nicht gelegen.
was etc.

Ich har auff gnad, wie mir geschieht.
„was darfft du des?"
mein hertz wil es.
„das ist mir laid."
hilf, fraw gemaid.
„so cher
davon, volg meiner ler"
nain ich auff meine er.
„warumb durch got?"
da wers mein todt.
„lastu nicht ab?"
nain um chain hab.
„so sweig vnd tol."
fraw, wie dein gnad mir pillich sol.
„tustu das gern?"
ia unvermarn.
„so mag ich dich an frewden mern"
gnad, fraw, so gut.
„hab vesten müt."
so wol dein hüt.
got muß mich dir zu selden geben.
so gelebt mein hertz nie liebern tag. —

Bl. 43ᵇ. Hör, liebstiv fraw, mich, deinen chnecht [1]).
„was bedewt des nachtes dein lawdts gepreht?
nicht anders, fraw, wann eitel güt.
„sag mir, was dir sei ze müt?"
o wie we mir meiden tüt.

---

[1]) Mit Noten.

„wo hin sendt sich dein begir?"
hertzen liebiv fraw, zu dir.
„chum on sorgen
„zu mir morgen."
ich enmag.
„was gepricht dir bei dem tag?"
posser claffer sag.
„die besorg bei nacht vil mer."
ich pin haimlich chumen her.
„sag on schallen
dein geuallen."
ich han von dir lieb vnd leid.
„hastu das on vnterscheid?"
laid tut we, lieb frewet mich.
„dar in wiß ze halten dich"
o wie gern ich das tet!
„piß vor allen dingen stet."

Bl. 44ᵃ. In stetikait, so pin ich dein.
„lieber mocht mir von dir nicht gesein"
doch ist mir trost gar chlain beschert.
„erlich sach mir das erwert"
darumb hastu mich so hert.
„du rumest dich von mir ze vil"
nain ich, hertzen trawt gespil.
„ich müst warnen
oft erarnen."
wie, wa vnd wenn?
„wenstu, das ich dir sy nenn?"
iedoch ich die schelk erchenn.
„so vermeid die falschen wicht."
lug mag ich verpieten nicht.
„pöß gesellen
freuden vellen."
an alle schuld ich chumer leid.
„das geluck wil haben neid."
so wil ich es wegen ring. —
„mich nert auch der selb geding."

des pin ich in hertzen fro.
„pistu stet, ich pin also."
Man wolt vns zwar verwerren gar,
des han ich kurtzlich genomen war.
glaub in nimmermer so gantz.
erst merck ich dein alleirantz.
fraw, sie suchent puben schantz.
in ist ie mit laster wol,
sie sint aller schanden vol.
„pfuch der iungen
valschen zungen!
vaig sei ir leib!
vngeluck ir seld vertreib!"
amen! hertzen liebstes weib.
inniclichen schrei, das man sie pann,
ächt sy, ächt sie in der schrann.
man sol zaigen
auff die vaigen.
sturm die glocken, plaß rumor!
mit in aus für alle tor,
das sie niemantz irren mer.
„trawt gesell von hinnen cher."
wunsch mir gut nacht, fraw gemait!
„ich wunsch dir alle seligchait." —

Mit *Bl. 44^b* beginnt der Spruch:

Mir sagt ein cluger weiser christen,
wie das die vier ewangelisten etc. [1]

Bl. 46^a enthält die Übersetzung des Hymnus: „Christe qui lux est" vom Mönch von Salzburg.

Christe, tu pist licht vnd der tag,
du weckest ab die vinstern naht,
des liehtes schein ie an dir lag,
der selde lieht ist von dir praht. etc. [2].

---

[1] Keller Erzählungen p. 192.   [2] Ampferer p. 8.

Bl. 46ᵇ enthält verschiedene Räthe, z. B.

Lunaria wechset gern auff hohen pergen vnd stainen pey wasser gevelle vnd hat ein roten stengel vnd ist auff gericht vnd die pleter seindt alß die pfenig sinwel vnd sten vnden an dem stengel und sint himelvar vnd wechst mit dem mond vnd haben 32 folia in plenilunio et descendit et ascendit sic luna in foliis, vnd wer si graben wil, der solz si suchen in der volle des monedz, wann si dann an ir besten mehten ist, vnd solz abbrechen ante ortum solis et arefaciat folia et pulveret cum argento decocto et fit aurum purissimum etc.

Nim den Saft von dem stengel vnd sewdz in quecksilber, so wirt darauß ein rot stain. den zerpulver vnd wirff es auff lo vnd ein tail silbers; da wirt auch golt auß. — etc.

Die zwei folgenden Blätter sind ausgerissen. *Bl. 47ᵃ* nach der nunmehrigen Zählung beginnt mit den Versen:

> Des wil ich mit willen von ir scheiden,
> ich wil ir nimmer wesen vntertan.
> ir valsche tük, die thun mir vil ze leide,
> der ich so vil von ir enpfangen han.

Sie bilden den Anfang der 6. Strofe des Gedichtes: „der sükübel" [1]) und sind hier: „Möringer's weise" überschrieben. Darauf:

Bl. 47ᵇ folgt das Gedicht: „der viol" [2])

> Vrlaub hab der winter
> vnd dar zu der kalte sne!
> vns cumpt ein sumer linder.
> man siht anger vnd den kle
> gar sumerlich gestellet etc.

Die erste Strofe ist mit Noten versehen. Der bei von Hagen fehlende Vers der 5. Strofe lautet hier:

> die wurden faste singen.

Auf *Bl. 48ᵃ* begegnet das Gedicht:

> Vns ist komen ein liebe zeit,
> die aller welde frewde geit,

---

[1]) MSH. III, 225ᵃ. [2]) MSH. III, 202ᵃ.

der anger voller blumen leit etc. ¹).

Die Weise ist beigegeben.

Mit *Bl.* *49ᵇ* beginnt das Gedicht: „die salbe" ²).

> Der mey der chumpt mit reicher wat,
> perg vnd tal gegrunet stat,
> jedes zwig das hat sein plat
> gar wuneclich an sich gelat etc.

Auch bei diesem steht die Weise.

Bl. 51ᵃ gibt das Gedicht:

> Der may gar wunecleichen hat
> perg vnd tal gar schon besat,
> vnd stat in reicher pluede etc. ³)

mit der Weise. Es hat hier 11 Strofen, während von der Hagen nur 7 mittheilt.

Bl. 52ᵇ beginnt das Gedicht:

> Sumer deiner suzzen wunne müssen wir vns anen,
> seit vns der arge winter niht wann senen, trawren geit ⁴).

Die Weise ist vorgesetzt.

Bl. 53ᵇ. Meye, dein liebter schein
> vnd die chlainen vogelin
> pringen frewde vollen schein ⁵) etc. mit der Weise.

Bl. 54ᵇ beginnt das mit der Weise versehene Gedicht:

> Wolt ir horn ein news geschiht,
> was der Neithart hat gethiht?
> er was ein gemelicher man,
> wunders hat er vil gethan.
> Er nam ein chorp auff seinen cragen,
> er wolt in hin nach swamen tragen,
> do sprach sein fraw gar wolgethan:
> „wo wiltu hin, mein guter man?"
> Kanstu dich des nit verstan?
> ich wil ins holtz nach swammen gan.
> pfifferling sein sie genant,
> dem pawren sein sie wol erchant.

---

¹) MSH. III, 303ᵇ. ²) MSH. III, 238ᵃ. ³) MSH. III, 296ᵃ. ⁴) MSH. III, 244ᵇ.
⁵) MSH. III, 204ᵃ.

Do kom er vnter ein groß püchen,
die güte swammen wolt er suchen.
er prach ir seinen chorp vol,
mit abentewr, so was jm wol.
Er nam den chorp auff seinen chragen,
er wolt in da von dannen tragen,
er trüg in hin gen Zeiselmawr,
da er vant die viltzgepawr.
Er satzt sie für die chirchentür,
sein swammen legt er schon her für,
do kom ein fraw, hieß Diemüt,
die swammen, die seint alle güt etc.

Bl. 55ᵇ Kinder, ihr habt einen winter an der hant,
das die klainen waltvogelin
sanges muß verdrießen etc. [1]).

Bl. 56ᵃ. Ich gesach den wintter nye, sag mir ein weip
ir vil wunders grußen pot etc. [2]).
Die untere Hälfte dieses Blattes ist ausgerissen.

Bl. 57ᵇ. Nw horent, wie sie all gemayne tihtent,
siet sie zu solhen frewden pflihten,
so enpfahen wir den mayen tugentleichen [3]).
mit der Weise.
Ich wer gern fro mich irret ain swere,
daz ich pin der alten frawen vnmere etc. [4]).

Bl. 58ᵃ. Er hat in die lant
dir zu schaden her gesant
alles sein gesinde,
das offenlich berawbt
mit gewaltiglicher bandt.
Seine winde kalt
habent deinen grünen walt
also iamerlichen gestalt etc. [5]).

---

[1]) MSH. III, 259ᵃ.   [2]) MSH. III, 259ᵇ.   [3]) MSH. III, 198ᵃ.   [4]) Ebendort.
[5]) MSH. III, 258ᵃ.

Bl. 58ᵇ beginnt das Gedicht: „daz seil".

>Mayen zeit
>one neyt
>frewde geit
>wider streit etc. ¹)

Bl. 59ᵇ. Maye, dein wunnewerde zeit
>wider geit
>in walden auf der haia paid
>rosen, plumlein wol gethan.
>man horet singen
>suß erclingen etc. ²).

Die Weise ist beigegeben.

Bl. 60ᵇ. Gegen der lieben sumerzeit
>manig hertz gar wuneclichen erlachet;
>das den winter her in senden sorgen was,
>das wil sich in hohen frewden reichen etc. ³).

Die obere Hälfte des folgenden Blattes ist weggerissen. Auf der ersten Seite steht vollständig nur die Strofe:

>Ich waiß einen widerdrieß,
>den hat Engelmar vnd sein gesellen etc. ⁴).

Das Bruchstück der letzten Seite biethet nur den Schluss der Strofe:

>Sigeloch vnd Eggerich ⁵).

Deutsche Stücke.

Die Anfangszeilen nach dem Reime geordnet.

Wan solt dein trew nivr nemen ab. 6ᵇ.
Erwach. 7ᵇ.
Got hat trew leben beschaffen. 9ᵇ.
So han ichs doch gehort sagen. 42ᵃ.
Christé, tu pist lieht vnd der tag. 46ᵃ.
Trostlicher trost, mein hochstes hail. 42ᵃ.
Wie mocht dann mail. 41ᵇ.

---

¹) MSH. III, 203ᵃ. ²) MSH. III 309ᵇ. ³) MSH. III, 219ᵇ. ⁴) MSH. III, 220ᵃ.
⁵) MSH. III, 220ᵇ.

Hertz, lieb, gemüet ist eitel rain. 8^b.
Ich wais ein haws, haißt Frewdenstain. 35^a.
Freuntlich anplick mein hertz mir claidt. 8^a.
Der troster aller werlde prait. 34^b.
Wem Liebenzell hatt widersaidt. 35^a.
Seine winde kalt. 58^a.
Si ist mir frömde die wolgestalt. 42^a.
Ich gib mich gantz in dein gewalt. 7^a.
Was sol ich furbaz fahen an. 10^b.
Sweig ich, so we mir armen man. 41^b.
Ich hans gesetzt auff guten wan. 6^b.
Ach, winter langk. 35^b.
Da man den gympel gempel sangk. 35^a. 36^b.
Sech ich dich teglich vor mir brangen. 10^b.
Kinder, ir habt einen winter an der hant. 55^b.
Von Prag ein hawpt aus Pehamlant. 33^a.
Man wolt vns zwar verwerren gar. 44^a.
Ich main, es sei wol tawsent iar. 8^a.
Von anegeng der sunnen clar. 34^b.
Ir gut gepär. 41^b ').
Ich wisset nie, waß liebe waß. 6^b.
Ein turteltewblein trawret fast. 10^b.
Der may gar wunecleichen hat. 51^a.
Eins nachts ging ich gen hawse spat. 39^b.
Der mey der chumpt mit reicher wat. 40^b.
Es ist allweg der werlt lauff. 31^b.

In deinem dienst, so wil ich streben. 7^a.
Hœr, liebstiv fraw, mich, deinen chnecht. 43^b.
Han ich chain menschen nie gesehen. 8^a.
Mein hertz ist frisch, mein mut ist frei. 10^b.
Schonfels das haws ist frei. 35^a.
Mich wundert ser, warumb das sey. 32^b.
Ein lieplich weib. 41^b.
Ich gesach den wintter nye, sag mir ein weip. 50^a.
Lob all zungen des erenreichen. 42^a.

---

¹) maere, swaere s. mer, swere.

(Zingerle.)

Des wil ich mit willen von ir scheiden. 47".
In stetikait, so pin ich dein. 44".
Sie truckt ir prustlein an das mein. 10".
Meye, dein liehter schein. 53".
On zweifel solt du sicher sein. 6".
Sy ist meins hertzen paredeis. 10".
Gar leiß. 7".
Wie gantz frewd geit. 7".
Welch man in sorgen leit. 10".
Vns ist komen ein liebe zeit. 48".
Meye, dein wunnewerde zeit. 50".
Mayen zeit. 58".
Gegen der lieben sumerzeit. 60".
Ich waiß kain frewd, die mich baß helff. 8".
Wol auff meines hertzen trawt geselle. 10".
Mein hertz, das hat im ausßerwelt. 7".
Kein freud wil ich nit haben mer. 10".
Sie sprach: wol mir der lieben mer. 10".
Sie sprach: awe der leidigen mer. 10".
Vor die were swere. 35".
Ich wer gern fro, mich irret ein swere. 57".
Ja tregt mein hertz haimlichen smertz. 8".
Mit trewen riht ich ir das netz. 6".

Ich waiß einen widerdrieß. 61".
Getraw mir des on zweifel niht. 7".
Mein trew het ich zu dir gericht. 43".
Ich har auff gnad, wie mir geschiht. 43".
Wolt ir horn ein news geschicht. 54".
Mich frewet, fraw, dein angesicht. 42".
Lig still, meins hertzen trawt gespil. 10".
Awentawr, der weiz ich vil. 38".
O wie gar ionckfrawlich gelimpf. 8".
Gantz leit stetiklich in meinem sin. 8".
Das wir volpringen. 33".
Die plumlein schon entsprungen sint. 8".
Urlaub hab der winter. 47".
Wan gantze trew die stet an dir. 6".

Fuge an mir. 36ᵃ.
Ich wunsch ir geluck ze helfen mir. 7ᵃ.
Nivr wenn es wöll, so liebst du mir. 6ᵇ.
Ich verkund der liebsten mein begird. 7ᵃ.
Mir sagt ein cloger weiser Christen. 44ᵇ.
Mit einem plick so twstu es wol. 7ᵃ.
Wa man den esel crönet. 12ᵇ.
Ich bin ir auch zv dinst geborn. 10ᵇ.
Man sicht læwber. 35ᵇ.
Gluck nw tw dein hilff darzu. 7ᵃ.
Sold ich tummer chummer. 36ᵃ.
Roter munt. 35ᵇ.
Sie trwck in gar lieplich an ir brust. 10ᵃ.
Ansehen dich, das geit mir mut. 6ᵇ.

Latina.

Ad obsequendum veneri. 29ᵇ.
Amor verus omnia potest superare. 30ᵃ.
Antequam judicii dies metuenda. 23ᵇ.
Ave virgo Barbara. 26ᵃ.
Ave virens hostia. 20ᵇ.
Bis sex credatis species sunt ebrietatis. 28ᵇ.
Cum deus in principio. 18ᵇ.
Da deus ut tecum. 22ᵇ.
Deus admirabilis. 25ᵃ.
Dolet arismetrica, quod ipsa arguetur. 24ᵇ.
Domum sapientia sic edificavit. 16ᵃ.
Ecce mundus moritur. 14ᵃ.
Femina formosa. 21ᵇ.
Fert pira trina pirus. 29ᵇ.
Fortuna si alluseris. 19ᵃ.
Fundamentum artium ponit gramatica. 16ᵃ.
Habescentis tam immundi. 23ᵃ.
Humilitate stringitur eternitas. 19ᵇ.
In hac terra cernuntur nefanda. 17ᵇ.
In omni loco congruo. 29ᵇ.

In trinitate consistit perfectio. 18ª.
Jam entrena (!) plena. 35ᵇ.
Jam pridem estivalia pertransiere gaudia. 29ᵇ.
Margarita pedibus calcatur. 20ª.
Militis uxorem clamidis mercede subegit. 29ª.
Montes sunt celsi. 29ᵇ.
Multi sunt presbyteri, qui ignorant quare. 15ᵇ.
Mundus fide iam frigescit. 14ᵇ.
Mvsi convenite nec vos pudeat audite. 13ª.
Nonne doles musica, presens depravata. 24ᵇ.
Nos deus omnipotens. 22ᵇ.
Numquid et tu pateris, o geometria. 24ᵇ.
Nunc attendatis, que sint species ebrietatis. 28ᵇ.
Nunc conticent avicule. 29ᵇ.
O beata Barbara. 26ª.
O cleri collectio, quare non attendis. 17ᵇ.
O custodes animarum. 19ᵇ.
O de profundis quam dulcia fercula fundis. 27ª.
O dulcis rhetorica, dole peritura. 24ᵇ.
O quam sacerdotium regale et perfectum. 27ª
O subtilis loyca, que ad hec vis fari. 24ᵇ.
Ornamentis centis. 36ª.
Papa pavor pauperum est diffinitus. 24ᵇ.
Pater, fili, spiritus, deus septiformis. 24ᵇ.
Per templi festa. 22ᵇ.
Pone tibi frenum fugiens muliebre venenum. 29ª.
Pratum vidi speciosum. 16ᵇ.
Presulis Albini seu martyris ossa Rufini. 24ᵇ.
Pre lucis aure transitu. 29ᵇ.
Quondam duo gladii. 15ª.
Si gratis gentes essent bona vina bibentes. 28ᵇ.
Sic in duris curis. 35ᵇ.
Simonia obviavit veritati. 27ᵇ.
Status terrarum quivis bene noscat earum. 28ª.
Taccant astrologi amplius superbare. 24ᵇ.
Thronum grandem ebore Salomon construxit. 17ª.
Viri beatissimi, sacerdotes dei. 13ᵇ.